Kennst du diese
Fische

Alwyne Wheeler

Illustrationen von
Annabel Milne und Peter Stebbing
Deutsche Fassung
von Hans Joachim Conert

Otto Maier Verlag Ravensburg

D1717573

Inhalt

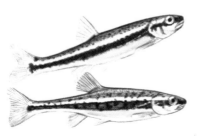

Erstausgabe in deutscher Sprache
Erstmals 1981 in den Ravensburger Taschenbüchern
Lizenzausgabe mit Genehmigung der Usborne
Publishing Ltd., London
Originaltitel: ,,Spotter's Guide to Fishes''
Originalverlag: Usborne Publishing Ltd., London
© 1978 Usborne Publishing Ltd., London
© der deutschen Ausgabe Otto Maier Verlag
   Ravensburg 1981

Zusätzliche Illustrationen:
Christine Howes und Joyce Bee
Umschlagentwurf: Graphisches Atelier,
Otto Maier Verlag, unter Verwendung
des Umschlags der Originalausgabe

Alle Rechte dieser Ausgabe vorbehalten durch
Otto Maier Verlag Ravensburg
Printed in Spain

5 4 3 2 1   85 84 83 82 81

ISBN 3-473-38693-6

Einleitung

Wie man dieses Buch benutzt

Dieses Buch ist ein Bestimmungs-
buch, das dir behilflich sein kann,
eine große Anzahl häufiger Fische
Europas zu erkennen. In ihm sind
sowohl Süßwasserfische als auch
Meeresfische behandelt, die da-
nach eingeteilt sind, wo sie leben
und man sie am häufigsten findet.
Neben der Abbildung steht ein kur-
zer Text. In ihm wird angegeben,
wie lang das erwachsene Tier von
der Schnauze bis zur Schwanz-
spitze ist. Oft wird auch die größte
Länge genannt. Die meisten
Fische, die du siehst, sind noch
nicht erwachsen und deshalb deut-
lich kürzer. Ein Fisch kann sein
ganzes Leben hindurch wachsen.
Wie schnell das Wachstum erfolgt,
ist oft vom Nahrungsangebot ab-
hängig.

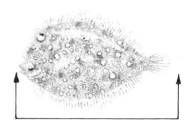

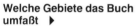

Länge in cm und m

Welche Gebiete das Buch
umfaßt ▶

Du kannst dieses Buch in ganz Europa benutzen, sei es bei Wande-
rungen in deiner näheren Heimat,
sei es während der Ferien in anderen Ländern. Natürlich können hier
nicht alle Fische abgebildet werden, die es in Europa gibt, aber die
häufigsten Fische kannst du darin
finden. Wenn du einen Fisch be-
stimmt hast, so hake ihn in dem
Kreis ab, den du bei der Beschreibung findest.

hake jeden
Fisch hier ab

Die Punktekarten

Am Ende des Buches findest du
Punktekarten, in denen jeder Fisch
in der Reihenfolge der Abbildung
verzeichnet ist. Trage deinen Fund
in die Punktekarten ein. Für jeden
Fisch, den du entdeckt hast, er-
hälst du eine Anzahl von Punkten.

Seite	Fisch	Punkte	Datum 2. Mai	Datum 7. Juni	Datum
6	Esche	15		15	
6	Wander-saibling	5	5		

Die Abbildungen auf dieser Seite sollen dir helfen, die äußeren Organe eines Fisches kennenzulernen. Du solltest sie genau betrachten, damit du die Beschreibungen besser verstehst.

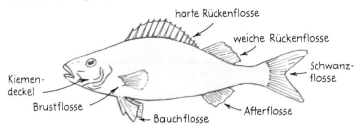

Viele Fische haben einen schlanken, stromlinienförmigen Körper und können schnell schwimmen. Sie werden hauptsächlich durch die Schwanzflosse angetrieben, während die übrigen Flossen das Gleichgewicht halten. Viele Fische haben eine mit Luft gefüllte Schwimmblase, deshalb gehen sie nicht unter.

Fische gehören zu den Wirbeltieren, das heißt, sie haben eine Wirbelsäule, die aus einzelnen Wirbeln besteht. Fische legen im allgemeinen Eier und unterscheiden sich dadurch von den Säugetieren, die ihre Jungen außerdem mit Milch versorgen. Ihre Körpertemperatur hängt von der Wassertemperatur ab.

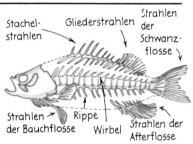

Fische nehmen den Sauerstoff direkt aus dem Wasser auf. Sie öffnen das Maul, dabei sind die Kiemendeckel geschlossen. Nun schließen sie das Maul, und das Wasser strömt bei geöffneten Kiemendeckeln an den Kiemen entlang. Dabei findet nun der Austausch von Sauerstoff und Kohlendioxyd statt.

Es gibt heute mehr als 30 000 verschiedene Arten von Fischen und ständig werden bisher unbekannte entdeckt. Alle Fische leben im Wasser, und viele haben den selben Lebensraum. Da sie aber verschiedene Nahrung aufnehmen, machen sie sich gegenseitig keine Konkurrenz.

Die Ausrüstung

Wenn du ins Gelände gehst, um Fische zu beobachten, brauchst du eine gute Ausrüstung. Papier und Bleistift sind für Notizen nötig, ein Bandmaß, um die Länge eines Fisches festzustellen. Wenn du die Fische anlocken willst, so gelingt das am besten, indem du sie fütterst. In der Beschreibung ist genannt, was die Fische fressen, du solltest je nach Art des Fisches ein ähnliches Futter verwenden. Wende dich an eine Zoohandlung und laß dich darin beraten. Mit einem Netz kannst du die Fische fangen. Bringe sie in ein mit Wasser gefülltes Glas und beobachte sie. Wenn du damit fertig bist, setze sie wieder ins Wasser. An Teichen und Seen sowie an der Küste kannst du auch deine Taucherausrüstung nehmen, um Fische zu beobachten. Wenn du einen Kasten aus durchsichtigem Plastik auf das Wasser setzt, kannst du die Fische ebenfalls besser sehen.

Notizbuch und Bleistift

Fischfutter

Bandmaß

Schnorchel

Gesichtsmaske

Netz

Marmeladengläser

Kasten aus Plastik

Wo du Fische beobachten kannst

Süßwasserfische beobachtest du am besten vom Ufer von Bächen, Flüssen, Teichen und Seen aus.

An flachen Felsufern der Küste halten sich viele Fische auf, die du hier leicht fangen kannst.

An der Meeresküste kannst du viele verschiedene Fische sehen, wenn die Fischer mit ihren Booten vom Fang zurück kommen. Auf dem Markt werden sie anschließend verkauft.

Viele Städte, die einen Zoo haben, halten im Aquarium die verschiedensten Süßwasser- und Meeresfische. Hier kannst du gut beobachten.

Bergbäche und Gebirgsseen

In diesen Bächen ist das Wasser klar und kühl. Die hier lebenden Fische verbergen sich meist unter Steinen und Felsblöcken. Sie überwintern in tieferem Wasser.

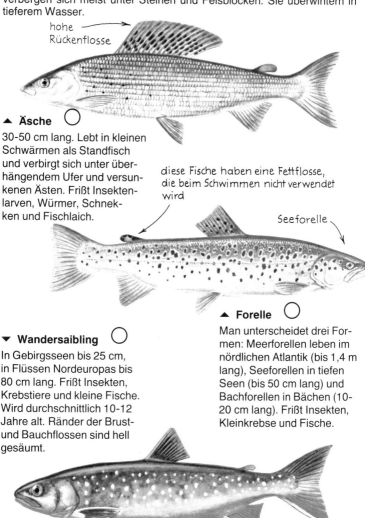

hohe Rückenflosse

▲ **Äsche** ◯

30-50 cm lang. Lebt in kleinen Schwärmen als Standfisch und verbirgt sich unter überhängendem Ufer und versunkenen Ästen. Frißt Insektenlarven, Würmer, Schnecken und Fischlaich.

diese Fische haben eine Fettflosse, die beim Schwimmen nicht verwendet wird

Seeforelle

▲ **Forelle** ◯

Man unterscheidet drei Formen: Meerforellen leben im nördlichen Atlantik (bis 1,4 m lang), Seeforellen in tiefen Seen (bis 50 cm lang) und Bachforellen in Bächen (10-20 cm lang). Frißt Insekten, Kleinkrebse und Fische.

▼ **Wandersaibling** ◯

In Gebirgsseen bis 25 cm, in Flüssen Nordeuropas bis 80 cm lang. Frißt Insekten, Krebstiere und kleine Fische. Wird durchschnittlich 10-12 Jahre alt. Ränder der Brust- und Bauchflossen sind hell gesäumt.

Süßwasserfische

Fettflosse

▲ Blaufelchen, Große Schwebrenke ⭕

Im Ostseegebiet bis 70 cm lang und 10 kg schwer, in Alpen- und Voralpenseen bis 20 cm lang. Frißt kleine Krebstiere. Die Ostseeform hat eine nasenförmig verlängerte Schnauze (Ostseeschnäpel).

▼ Elritze ⭕

8-10 (-14) cm lang. Lebt in kleinen Schwärmen in sauerstoffreichen Bächen und Seen. Frißt Luftinsekten und kleine Wassertiere.

Männchen im Hochzeitskleid →

▲ Groppe, Koppe ⭕

10-15 (-18) cm lang. Lebt in klaren Bächen und Seen, geht in der Ostsee aber auch in Brackwasser. Versteckt sich tagsüber unter Steinen und Wurzeln. Frißt kleine Wassertiere und Fischlaich.

▼ Streber ⭕

12-18 cm lang. Lebt auf dem Grunde von seichten Fließgewässern im Einzugsbereich der Donau und des Wardar. Ist tagsüber in Höhlen verborgen, jagt nachts nach kleinen Bodentieren.

Mittellauf der Flüsse

Die Wasserströmung ist hier sehr unterschiedlich, das Wasser ist klar und sauerstoffreich, es gibt viele Wasserpflanzen.

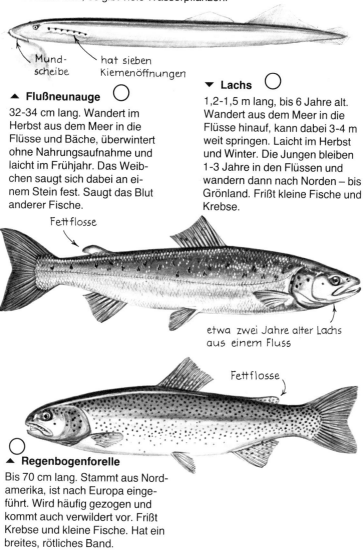

Mund-
scheibe

hat sieben
Kiemenöffnungen

▲ Flußneunauge ◯

32-34 cm lang. Wandert im Herbst aus dem Meer in die Flüsse und Bäche, überwintert ohne Nahrungsaufnahme und laicht im Frühjahr. Das Weibchen saugt sich dabei an einem Stein fest. Saugt das Blut anderer Fische.

▼ Lachs ◯

1,2-1,5 m lang, bis 6 Jahre alt. Wandert aus dem Meer in die Flüsse hinauf, kann dabei 3-4 m weit springen. Laicht im Herbst und Winter. Die Jungen bleiben 1-3 Jahre in den Flüssen und wandern dann nach Norden – bis Grönland. Frißt kleine Fische und Krebse.

Fettflosse

etwa zwei Jahre alter Lachs aus einem Fluss

Fettflosse

▲ Regenbogenforelle ◯

Bis 70 cm lang. Stammt aus Nordamerika, ist nach Europa eingeführt. Wird häufig gezogen und kommt auch verwildert vor. Frißt Krebse und kleine Fische. Hat ein breites, rötliches Band.

Süßwasserfische

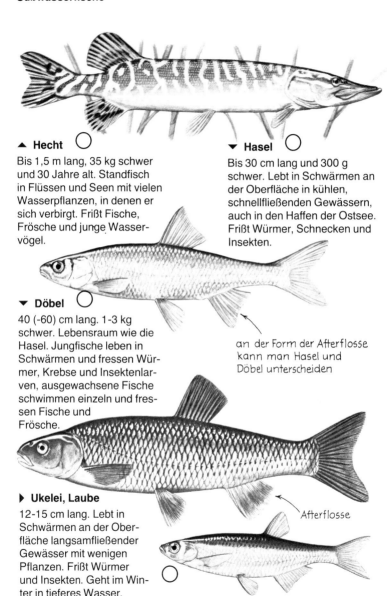

▲ **Hecht** ○

Bis 1,5 m lang, 35 kg schwer und 30 Jahre alt. Standfisch in Flüssen und Seen mit vielen Wasserpflanzen, in denen er sich verbirgt. Frißt Fische, Frösche und junge Wasservögel.

▼ **Hasel** ○

Bis 30 cm lang und 300 g schwer. Lebt in Schwärmen an der Oberfläche in kühlen, schnellfließenden Gewässern, auch in den Haffen der Ostsee. Frißt Würmer, Schnecken und Insekten.

▼ **Döbel** ○

40 (-60) cm lang. 1-3 kg schwer. Lebensraum wie die Hasel. Jungfische leben in Schwärmen und fressen Würmer, Krebse und Insektenlarven, ausgewachsene Fische schwimmen einzeln und fressen Fische und Frösche.

an der Form der Afterflosse kann man Hasel und Döbel unterscheiden

▶ **Ukelei, Laube**

12-15 cm lang. Lebt in Schwärmen an der Oberfläche langsamfließender Gewässer mit wenigen Pflanzen. Frißt Würmer und Insekten. Geht im Winter in tieferes Wasser.

Afterflosse

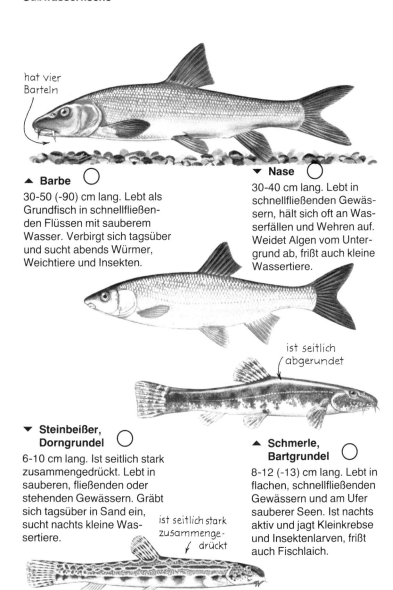

hat vier
Barteln

▲ **Barbe** ◯

30-50 (-90) cm lang. Lebt als
Grundfisch in schnellfließen-
den Flüssen mit sauberem
Wasser. Verbirgt sich tagsüber
und sucht abends Würmer,
Weichtiere und Insekten.

▼ **Nase** ◯

30-40 cm lang. Lebt in
schnellfließenden Gewäs-
sern, hält sich oft an Was-
serfällen und Wehren auf.
Weidet Algen vom Unter-
grund ab, frißt auch kleine
Wassertiere.

ist seitlich
abgerundet

▼ **Steinbeißer,
Dorngrundel** ◯

6-10 cm lang. Ist seitlich stark
zusammengedrückt. Lebt in
sauberen, fließenden oder
stehenden Gewässern. Gräbt
sich tagsüber in Sand ein,
sucht nachts kleine Was-
sertiere.

ist seitlich stark
zusammenge-
drückt

▲ **Schmerle,
Bartgrundel** ◯

8-12 (-13) cm lang. Lebt in
flachen, schnellfließenden
Gewässern und am Ufer
sauberer Seen. Ist nachts
aktiv und jagt Kleinkrebse
und Insektenlarven, frißt
auch Fischlaich.

Süßwasserfische

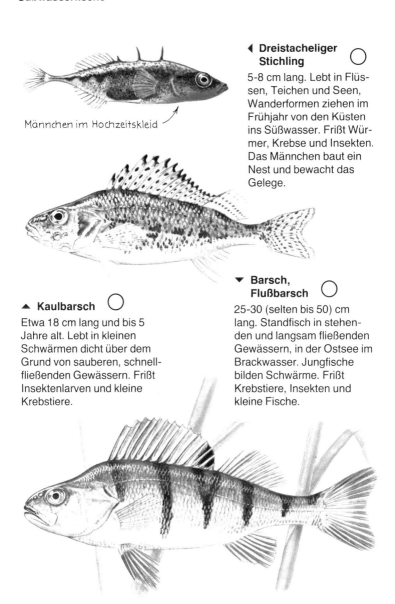

Männchen im Hochzeitskleid

◀ Dreistacheliger Stichling ◯

5-8 cm lang. Lebt in Flüssen, Teichen und Seen, Wanderformen ziehen im Frühjahr von den Küsten ins Süßwasser. Frißt Würmer, Krebse und Insekten. Das Männchen baut ein Nest und bewacht das Gelege.

▲ Kaulbarsch ◯

Etwa 18 cm lang und bis 5 Jahre alt. Lebt in kleinen Schwärmen dicht über dem Grund von sauberen, schnellfließenden Gewässern. Frißt Insektenlarven und kleine Krebstiere.

▼ Barsch, Flußbarsch ◯

25-30 (selten bis 50) cm lang. Standfisch in stehenden und langsam fließenden Gewässern, in der Ostsee im Brackwasser. Jungfische bilden Schwärme. Frißt Krebstiere, Insekten und kleine Fische.

Teiche und Seen

Diese Fische leben in stehenden Gewässern, z. B. in flachen Tümpeln, Sümpfen und Entwässerungsgräben, in denen es einen reichen Pflanzenwuchs gibt. Sie wachsen schnell heran.

◀ Hundsfisch ◯

5-8 (-12) cm lang, Weibchen größer als Männchen. Lebt in stehenden Gewässern mit schlammigem Grund. Frißt Krebstiere, Fischbrut und Kaulquappen. Das Weibchen baut ein Nest und bewacht das Gelege.

hohe, lange Rückenflosse ⟶

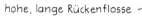

▲ Karausche ◯

20-28 (-45) cm lang. Hat keine Barteln. Lebt in stehenden, nicht zu kalten Gewässern, verträgt auch Brackwasser und verschmutztes Wasser. Frißt Insektenlarven, Krebstiere und Würmer.

▼ Karpfen ◯

Meist 30-40 cm lang und bis 1 kg schwer, kann aber 40 Jahre alt, bis 1 m lang und 30 kg schwer werden. Hat 4 Barteln. Stammt aus der südlichen UdSSR bis China. Lebt in warmen, stehenden Gewässern mit sandigem oder schlammigem Grund. Frißt Insektenlarven, Würmer, Krebstiere und Schnecken.

scharfe, sägeartige Kante ⟶

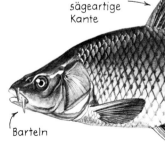

Barteln

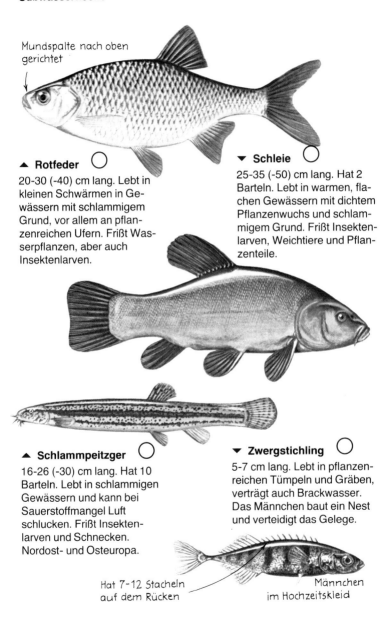

Mundspalte nach oben gerichtet

▲ **Rotfeder** ◯

20-30 (-40) cm lang. Lebt in kleinen Schwärmen in Gewässern mit schlammigem Grund, vor allem an pflanzenreichen Ufern. Frißt Wasserpflanzen, aber auch Insektenlarven.

▼ **Schleie** ◯

25-35 (-50) cm lang. Hat 2 Barteln. Lebt in warmen, flachen Gewässern mit dichtem Pflanzenwuchs und schlammigem Grund. Frißt Insektenlarven, Weichtiere und Pflanzenteile.

▲ **Schlammpeitzger** ◯

16-26 (-30) cm lang. Hat 10 Barteln. Lebt in schlammigen Gewässern und kann bei Sauerstoffmangel Luft schlucken. Frißt Insektenlarven und Schnecken. Nordost- und Osteuropa.

▼ **Zwergstichling** ◯

5-7 cm lang. Lebt in pflanzenreichen Tümpeln und Gräben, verträgt auch Brackwasser. Das Männchen baut ein Nest und verteidigt das Gelege.

Hat 7-12 Stacheln auf dem Rücken

Männchen im Hochzeitskleid

Unterlauf der Flüsse

Die Flüsse fließen in diesem Gebiet langsam und in vielen Windungen. Das Wasser ist warm und meist pflanzenreich, der Grund ist oft schlammig. Hier finden die Fische Schutz und reichlich Nahrung.

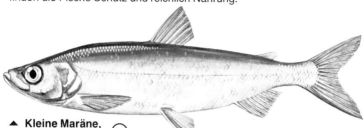

▲ **Kleine Maräne, Zwergmaräne** ◯

20-25 cm lang. In Seen in Nordwestrußland, in Skandinavien, England und Nordostdeutschland, in Bayern ausgesetzt. Lebt als Schwarmfisch im freien Wasser. Frißt kleine Krebstiere und Fische.

▼ **Giebel, Silberkarausche** ◯

20-25 (-40) cm lang. Lebt in pflanzenreichen Gewässern. Kann sich auch durch unbefruchtete Eier vermehren. Aus der chinesischen Form wurde der Goldfisch gezüchtet.

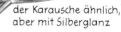

der Karausche ähnlich, aber mit Silberglanz

▼ **Gründling** ◯

8-15 cm lang. Lebt in schnellfließenden Gewässern, aber auch in Flüssen und sogar in Brackwasser. Lebt in kleinen Schwärmen am Boden und frißt Würmer und Krebstiere, auch Fischlaich.

Süßwasserfische

▼ Blei, Brachsen ○

30-40 (-60) cm lang. Lebt in nährstoffreichen Seen und Flüssen mit schlammigem Grund. Hat ein rüsselartig vorstülpbares Maul. Wühlt Würmer, Insektenlarven, Schnecken und Muscheln aus dem Schlamm.

hat ein ausstülpbares Maul

▶ Güster, Blicke ○

20-35 cm lang. Lebt in flachen und warmen Seen im Flachland und schwimmt in kleinen Schwärmen über den Grund. Frißt Würmer, Weichtiere und Pflanzenteile. Legt den Laich an Wasserpflanzen ab.

◀ Plötze, Rotauge ○

25-30 cm lang. Lebt in Schwärmen und ist häufig. Frißt kleine, im Wasser schwebende Tiere sowie Muscheln und Schnecken, auch Pflanzenteile.

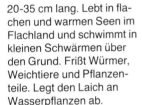

▶ Bitterling ○

5-8 cm lang. Lebt am Ufer langsam fließender Gewässer mit dichtem Pflanzenwuchs. Frißt Würmer, Krebse und Insektenlarven. Das Weibchen legt Eier in einer lebenden Teichmuschel ab.

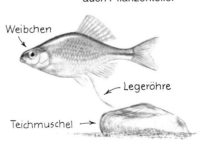

Weibchen

Legeröhre

Teichmuschel

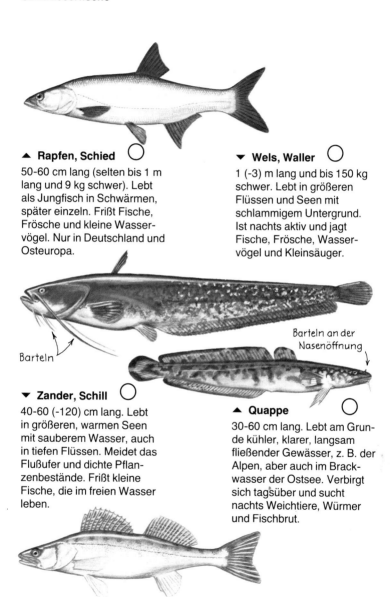

▲ **Rapfen, Schied** ◯

50-60 cm lang (selten bis 1 m lang und 9 kg schwer). Lebt als Jungfisch in Schwärmen, später einzeln. Frißt Fische, Frösche und kleine Wasservögel. Nur in Deutschland und Osteuropa.

▼ **Wels, Waller** ◯

1 (-3) m lang und bis 150 kg schwer. Lebt in größeren Flüssen und Seen mit schlammigem Untergrund. Ist nachts aktiv und jagt Fische, Frösche, Wasservögel und Kleinsäuger.

Barteln an der Nasenöffnung

Barteln

▼ **Zander, Schill** ◯

40-60 (-120) cm lang. Lebt in größeren, warmen Seen mit sauberem Wasser, auch in tiefen Flüssen. Meidet das Flußufer und dichte Pflanzenbestände. Frißt kleine Fische, die im freien Wasser leben.

▲ **Quappe** ◯

30-60 cm lang. Lebt am Grunde kühler, klarer, langsam fließender Gewässer, z. B. der Alpen, aber auch im Brackwasser der Ostsee. Verbirgt sich tagsüber und sucht nachts Weichtiere, Würmer und Fischbrut.

Flußmündungen

In dieser Region vermischt sich das Süßwasser der Flüsse mit dem Salzwasser des Meeres. Der Pflanzenwuchs ist spärlich.

▲ Meerneunauge ◯

60-80 (-100) cm lang. Lebt im Meer, wandert aber zum Laichen in die Flüsse ein. Wenn die Jungen etwa 20 cm lang sind, wandern sie ins Meer. Saugt das Blut anderer Fische.

▼ Stör ◯

Meist 1-2,5 m lang, kann aber 5-6 m lang, über 400 kg schwer und 100 Jahre alt werden. Wandert zum Laichen vom Meer in die Flüsse. Die Jungfische ziehen nach 1-2 Jahren ins Meer. Frißt Weichtiere und Würmer. Ist vom Aussterben bedroht.

Gelbaal
(siehe Seite 54)

▲ Flußaal ◯

Männchen bis 50 cm, Weibchen bis 100 cm lang. Laicht im Sargassomeer (vor dem Golf von Mexiko). Die Larven ernähren sich von Plankton, sie schwimmen in 3 Jahren bis nach Europa und wandern in die Flüsse. Kehrt nach 4-10 Jahren ins Meer zurück. Frißt Weichtiere, Krebse, Insektenlarven und kleine Fische.

▼ Finte, Elben ◯

Bis 55 cm lang. Lebt in Schwärmen in Küstengewässern bis etwa 100 m Tiefe, außerdem in den Seen am Südrand der Alpen. Laicht im Süßwasser. Frißt Weichtiere und kleine Fische.

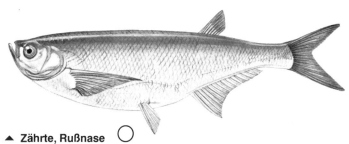

▲ Zährte, Rußnase ◯

20-35 (-50) cm lang. Im Unterlauf großer Flüsse und im Brackwasser. Lebt am Grunde der Gewässer und frißt Würmer, Muscheln und Schnecken. Nordsee, östliche Ostsee und Schwarzmeerregion.

▼ Zebrakärpfling ◯

4-5 cm lang. Das Männchen hat dunkle Querbinden auf den Seiten. Lebt in Teichen und Sümpfen, aber auch im Brackwasser. Frißt kleine Krebstiere und Insektenlarven. Nur im Mittelmeer.

▼ Trommlerfisch ◯

Bis 2 m lang. Der erwachsene Fisch ist im nördlichen Europa selten, aber die Jungfische kommen häufig im Brackwasser vor. Frißt kleinere Fische und stößt dumpfe Laute aus, wenn er auf der Jagd ist.

Männchen

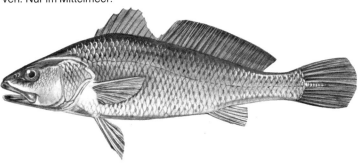

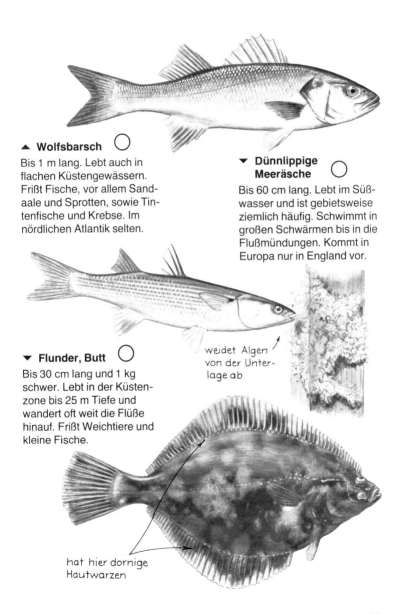

▲ **Wolfsbarsch** ◯

Bis 1 m lang. Lebt auch in flachen Küstengewässern. Frißt Fische, vor allem Sandaale und Sprotten, sowie Tintenfische und Krebse. Im nördlichen Atlantik selten.

▼ **Dünnlippige Meeräsche** ◯

Bis 60 cm lang. Lebt im Süßwasser und ist gebietsweise ziemlich häufig. Schwimmt in großen Schwärmen bis in die Flußmündungen. Kommt in Europa nur in England vor.

weidet Algen von der Unterlage ab

▼ **Flunder, Butt** ◯

Bis 30 cm lang und 1 kg schwer. Lebt in der Küstenzone bis 25 m Tiefe und wandert oft weit die Flüße hinauf. Frißt Weichtiere und kleine Fische.

hat hier dornige Hautwarzen

Sandküste, Flachwasser

Manche Fische, die in dieser Zone leben, graben sich im Sand ein und suchen ihre Nahrung bei Flut. Andere leben in Schwärmen und sind dadurch vor Verfolgern geschützt.

▶ Große Seenadel ◯

35-45 cm lang. Lebt in der Tangregion. Das Weibchen überträgt 200-400 Eier in eine Brusttasche des Männchens, die 3 cm langen Jungfische schlüpfen nach 5 Wochen. Frißt Hüpferlinge und Fischbrut.

Barteln

▲ Fünfbärtelige Seequappe ◯

25-30 cm lang. Hat einen Bartfaden auf dem Unterkiefer und 5 auf der Schnauze. Lebt in der Algenzone auf sandigem oder felsigem Grund. Frißt Krebstiere und kleine Fische. Fehlt im Mittelmeer.

Quallen

▲ Wittling ◯

20-40 (-70) cm lang. Lebt von der Algenzone bis 200 m Wassertiefe. Hat einen schwarzen Fleck an den Brustflossen. Jungfische halten sich unter Quallen auf. Frißt Tiefseegarnelen und kleine Fische.

Meeresfische

▲ **Aalmutter** ◯

Etwa 30 cm lang. Das Weibchen bringt 30-400 voll ausgebildete, etwa 4-5 cm lange Jungfische zur Welt. Frißt Flohkrebse, Würmer, Weichtiere und kleine Fische. Nur an den nördlichen Küsten.

▲ **Ährenfisch, Streifenfisch** ◯

12-15 cm lang. Lebt in Schwärmen in Küstennähe. Legt die Eier an Algen ab. Frißt Kleinkrebse. Mittelmeer bis Holland.

▼ **Graue Meeräsche** ◯

60-75 cm lang. Lebt in Schwärmen in flachem Wasser über weichem Grund mit vielen Pflanzen. Frißt Algen und im Schlamm lebende Kleintiere.

Schnauze mit 4 Stacheln

◀ **Steinpicker** ◯

12-15 cm lang. Hat auf Kopf und Rumpf Knochenplatten. Lebt über weichem Boden, geht bis 200 m Tiefe. Frißt Würmer und Krebse. Nördlicher Atlantik und westliche Ostsee.

Meeresfische

▶ Viperqueise ◯

10-15 cm lang. Gräbt sich teilweise im Sand ein. Hat Giftstacheln an Rückenflosse und Kiemendeckel. Frißt Krebstiere, Jungfische und Laich. **Nicht anfassen,** der Stich ist schmerzhaft und gefährlich!

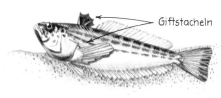

Giftstacheln

▼ Sandgrundel ◯

Etwa 10 cm lang. Lebt als Grundfisch in 4-200 m Tiefe, oft in kleinen Schwärmen. Das Weibchen legt die Eier meist in leere Muschelschalen ab. Frißt Kleinkrebse und wird von vielen Fischen gefressen.

▲ Kleiner Sandaal ◯

Etwa 16 cm lang. Lebt auf sandigem Grund bis in 30 m Tiefe, gräbt sich tagsüber im Sand ein. Frißt Kleinkrebse, Würmer und Jungfische, wird von Kabeljau, Lachs und anderen Fischen gefressen. Nördlicher Atlantik.

Saugnapf

gebogene Seitenlinie

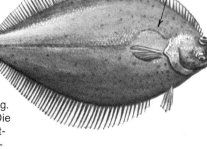

▶ Kliesche ◯

25-30 (selten bis 40) cm lang. Lebt auf sandigem Grund. Die Seitenlinie ist über der Brustflosse halbkreisförmig gebogen. Frißt Muscheln, Krebstiere, Würmer und Schlangensterne. Nördlicher Atlantik.

Felsküste, Flachwasser

Diese Zone ist reich an Pflanzen und Tieren. Die meisten Fische leben zwischen Felsen und Algen. Viele bleiben Zeit ihres Lebens im selben Küstenbereich.

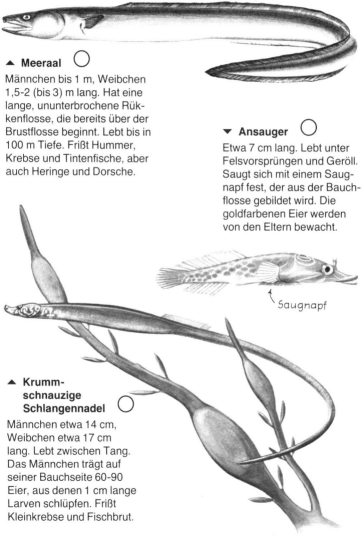

▲ **Meeraal** ◯

Männchen bis 1 m, Weibchen 1,5-2 (bis 3) m lang. Hat eine lange, ununterbrochene Rükkenflosse, die bereits über der Brustflosse beginnt. Lebt bis in 100 m Tiefe. Frißt Hummer, Krebse und Tintenfische, aber auch Heringe und Dorsche.

▼ **Ansauger** ◯

Etwa 7 cm lang. Lebt unter Felsvorsprüngen und Geröll. Saugt sich mit einem Saugnapf fest, der aus der Bauchflosse gebildet wird. Die goldfarbenen Eier werden von den Eltern bewacht.

Saugnapf

▲ **Krumm-schnauzige Schlangennadel** ◯

Männchen etwa 14 cm, Weibchen etwa 17 cm lang. Lebt zwischen Tang. Das Männchen trägt auf seiner Bauchseite 60-90 Eier, aus denen 1 cm lange Larven schlüpfen. Frißt Kleinkrebse und Fischbrut.

der Unterkiefer ragt
weit hervor

▲ **Pollack** ◯

Etwa 1 m lang. Lebt bis in
200 m Tiefe. Frißt Heringe,
Sprotten, Sandaale und Tiefseegarnelen. Wird gefangen
und hat ein schmackhaftes
Fleisch. Fehlt im östlichen
Mittelmeer.

▼ **Dreibärtelige** ◯
   Seequappe

40-50 (selten bis 60) cm
lang. Lebt in der Algenzone,
aber auch bis in 200 m Tiefe.
Hat eine Bartel auf dem Unterkiefer und 2 auf der
Schnauze. Frißt Krebstiere
und kleine Fische.

Barteln

▶ **Seebull** ◯

Männchen 10-15 cm,
Weibchen 15-18 cm lang.
Lebt in der Algenzone.
Frißt Krebse und Jung-
fische. Die Eier werden im
Körper des Weibchens
befruchtet. Nördlicher
Atlantik.

Haulappen dienen der besseren
Tarnung des Fisches

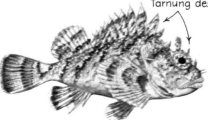

◀ **Meerkröte** ◯

Etwa 25 cm lang. Liegt be-
wegungslos im flachen Wasser unter Felsabbrüchen und
zwischen Tang. Jagt des
Nachts Krebstiere und
Fische. Fehlt im nördlichen
Atlantik.

14 bis 17 Stacheln

▲ **Seestichling** ◯

10-15 cm lang. Lebt einzeln oder paarweise zwischen Tang. Das Männchen baut hier ein Nest und betreut das Gelege. Frißt Würmer, Kleinkrebse und Fischbrut, wird von Lachsen und Aalen sowie von Möwen gefressen.

▼ **Kardinal** ◯

Etwa 15 cm lang. Lebt in kleinen Schwärmen in Felsspalten und Höhlen sowie unter Felsabbrüchen. Das Männchen trägt die Eier in seinem Maul bis die Jungen schlüpfen. Jagt nachtsüber. Nur im Mittelmeer.

▼ **Schwalben-schwanz** ◯

Etwa 15 cm lang. Lebt in großen Schwärmen zwischen Felsen und legt seine Eier auf flachen Steinen ab. Das Gelege wird vom Männchen bewacht. Ist im Mittelmeer weit verbreitet und häufig.

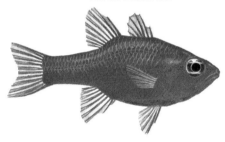

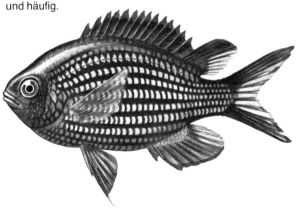

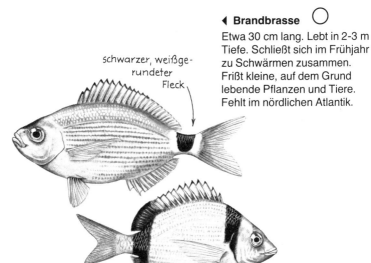

schwarzer, weißge-
rundeter
Fleck

◀ Brandbrasse ○

Etwa 30 cm lang. Lebt in 2-3 m
Tiefe. Schließt sich im Frühjahr
zu Schwärmen zusammen.
Frißt kleine, auf dem Grund
lebende Pflanzen und Tiere.
Fehlt im nördlichen Atlantik.

▼ Papageifisch ○

Etwa 50 cm lang. Lebt in kleinen Schwärmen und
schwimmt zwischen Felsen
herum. Kratzt mit seinen
scharfen Zähnen Algen von
den Gesteinen. Mittelmeer.

▲ Geißbrassen ○

25-30 cm lang. Lebt in kleinen
Schwärmen zwischen von Al-
gen bewachsenen Felsen und
ist häufig. Frißt Würmer und
Krebstiere. Fehlt im nördlichen
Atlantik.

die breiten Zähne
sind zu einer Art
Papageien-
schnabel
verwachsen

▶ Klippenbarsch ○

15-18 cm lang. Lebt zwi-
schen Algen bis in 20 m
Tiefe. Frißt Würmer und
kleine Krebstiere. Ist an
dem schwarzen Fleck am
Schwanz leicht zu erkennen.

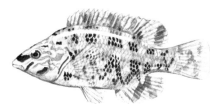

▲ Fünffleckiger Lippfisch ◯

Etwa 15 cm lang. Lebt im flachen Wasser zwischen Felsen und Algen. Das Männchen baut aus Algen ein Nest, in das das Weibchen die Eier ablegt, und bewacht das Gelege. Mittelmeer.

▼ Augenlippfisch ◯

Etwa 12 cm lang. Lebt an Felsküsten in geringer Wassertiefe. Baut zwischen den Algen Nester für das Gelege. Säubert andere Fische von Parasiten („Putzer"). Kommt nur im Mittelmeer vor.

die Farbe variiert

▲ Gefleckter Lippfisch ◯

Etwa 30 cm lang. Lebt zwischen Algen bis 30 m Tiefe. Frißt Krebse, Muscheln und Schnecken. Fehlt im östlichen Mittelmeer.

▼ Kuckuckslippfisch ◯

30-35 cm lang. Das Weibchen ist hell-orange und hat 2-3 dunkle Flecken auf dem Rücken. Lebt zwischen Algen. Frißt Muscheln, Schnecken und Krebse. Fehlt im östlichen Mittelmeer.

das Männchen im Hochzeitskleid

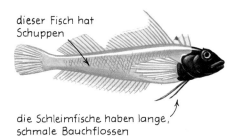

dieser Fisch hat Schuppen

die Schleimfische haben lange, schmale Bauchflossen

◀ **Großer Dreiflos-** ○
senschleimfisch

Etwa 8 cm lang. Lebt in flachen, warmen Küstenge-wässern. Das Männchen verteidigt sein etwa 1 m^2 großes Revier. Nur im Mittelmeer.

▶ **Montagu-** ○
Schleimfisch

7-8 cm lang. Lebt in flachen Gewässern und ist bei Ebbe oft in Tümpeln und Felslö-chern anzutreffen. Frißt En-tenmuscheln, die auf den Felsen festgewachsen sind. Küsten Südwesteuropas.

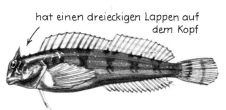

hat einen dreieckigen Lappen auf dem Kopf

diese Schleimfische haben keine Schuppen

▲ **Schan** ○

Etwa 16-18 cm lang. Ist bei Ebbe in Tümpeln und zwi-schen Tang zu sehen. Frißt kleine Krebstiere. Die Eier werden in Felsspalten abge-legt.

▼ **Pfauenschleimfisch** ○

10-12 cm lang. Lebt in flachem Wasser. Legt die Eier unter Muschelschalen oder in Fels-ritzen ab. Die Farbe von Männ-chen und Weibchen ist ver-schieden. Nur Mittelmeer.

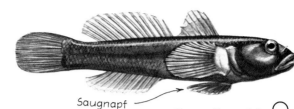

Saugnapf

Saugnapf

▲ Paganellgrundel ○

12-15 cm lang. Lebt über weichem Grund bis in 40 m Tiefe. Das Männchen bewacht das Gelege. Hat eine hell gesäumte Rückenflosse.

▲ Schwimmgrundel ○

Etwa 6 cm lang. Lebt in Schwärmen in der Seegraszone. Das Männchen bewacht das Gelege. Frißt Würmer, Weichtiere und junge Fische.

▼ Butterfisch ○

18-24 cm lang. Hat 9-13 dunkle Flecken auf dem Rücken. Lebt in der Algenregion bis 30 m Tiefe. Frißt kleine Wassertiere. Fehlt im Mittelmeer.

die Haut ist schleimig-glatt (Name)

◀ Haarbutt ○

10-15 cm lang. Die Schuppen der Oberseite haben am hinteren Rand feine, kurze Borsten. Lebt in der Tangzone. Frißt kleine Fische und Krebse. Nur im nördlichen Atlantik.

Grundfische

Viele Arten dieser Fische sind auf der Oberseite so gefärbt, daß sie sich kaum vom Untergrund unterscheiden. Sie verbergen sich oft zwischen Steinen.

die Eikapseln werden an Algen abgelegt

◀ Kleingefleckter Katzenhai ◯

60-80 cm lang. Lebt auf Sandbänken, die mit Algen bewachsen sind in 10-80 m Tiefe. Jagt nachts Fische, Krebse und Weichtiere. Die Jungen schlüpfen nach 8-10 Monaten aus den Eiern.

Kiemenöffnungen

▲ Sandhai ◯

Etwa 3 m lang. Lebt normalerweise in tiefem Wasser, kommt aber auch in flache, küstennahe Gewässer und kann hier für Badende **gefährlich** werden. Frißt Fische, greift aber auch größere Tiere an. Nur im Mittelmeer.

▶ Meerengel ◯

1-1,5 m lang. Ist ein Hai, sieht aber wie ein Rochen aus. Lebt im Sommer in küstennahen Gewässern. Das Weibchen bringt etwa 20 cm lange Junge zur Welt. Frißt Krebse, kleine Fische und Weichtiere.

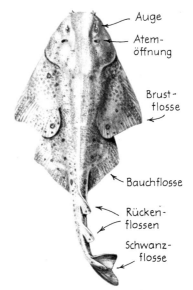

Auge

Atemöffnung

Brustflosse

Bauchflosse

Rückenflossen

Schwanzflosse

Meeresfische

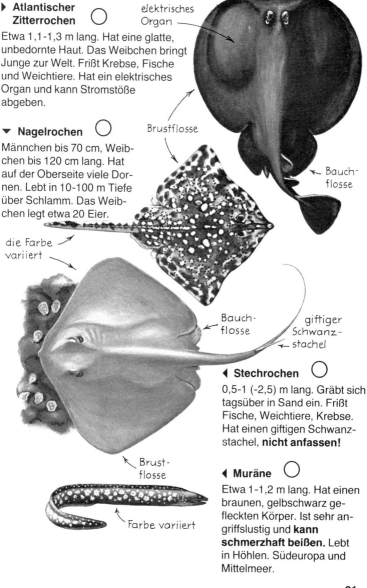

▶ **Atlantischer Zitterrochen** ○

elektrisches Organ

Etwa 1,1-1,3 m lang. Hat eine glatte, unbedorhte Haut. Das Weibchen bringt Junge zur Welt. Frißt Krebse, Fische und Weichtiere. Hat ein elektrisches Organ und kann Stromstöße abgeben.

▼ **Nagelrochen** ○

Brustflosse

Männchen bis 70 cm, Weibchen bis 120 cm lang. Hat auf der Oberseite viele Dornen. Lebt in 10-100 m Tiefe über Schlamm. Das Weibchen legt etwa 20 Eier.

Bauch-flosse

die Farbe variiert

Bauch-flosse

giftiger Schwanz-stachel

◀ **Stechrochen** ○

0,5-1 (-2,5) m lang. Gräbt sich tagsüber in Sand ein. Frißt Fische, Weichtiere, Krebse. Hat einen giftigen Schwanz-stachel, **nicht anfassen!**

Brust-flosse

◀ **Muräne** ○

Etwa 1-1,2 m lang. Hat einen braunen, gelbschwarz ge-fleckten Körper. Ist sehr an-griffslustig und **kann schmerzhaft beißen.** Lebt in Höhlen. Südeuropa und Mittelmeer.

Farbe variiert

31

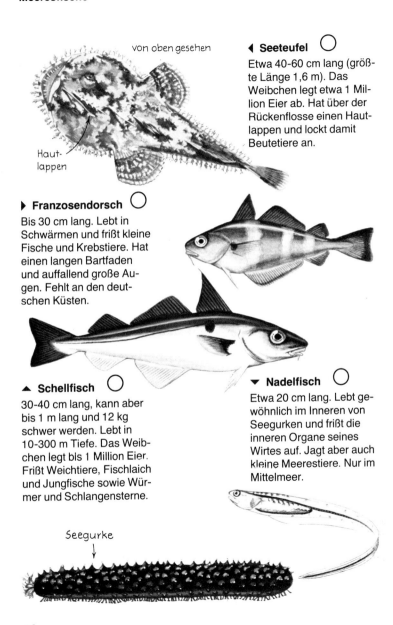

von oben gesehen

Haut-lappen

◀ Seeteufel ○

Etwa 40-60 cm lang (größte Länge 1,6 m). Das Weibchen legt etwa 1 Million Eier ab. Hat über der Rückenflosse einen Hautlappen und lockt damit Beutetiere an.

▶ Franzosendorsch ○

Bis 30 cm lang. Lebt in Schwärmen und frißt kleine Fische und Krebstiere. Hat einen langen Bartfaden und auffallend große Augen. Fehlt an den deutschen Küsten.

▲ Schellfisch ○

30-40 cm lang, kann aber bis 1 m lang und 12 kg schwer werden. Lebt in 10-300 m Tiefe. Das Weibchen legt bls 1 Million Eier. Frißt Weichtiere, Fischlaich und Jungfische sowie Würmer und Schlangensterne.

Seegurke

▼ Nadelfisch ○

Etwa 20 cm lang. Lebt gewöhnlich im Inneren von Seegurken und frißt die inneren Organe seines Wirtes auf. Jagt aber auch kleine Meerestiere. Nur im Mittelmeer.

▶ **Roter Knurrhahn** ⚪

30-50 (-70) cm lang. Lebt in
10-15 m Tiefe. Frißt kleinere
Fische und ihre Brut. Tastet
mit den umgebildeten Brustflossen. Kann knurrende
Laute erzeugen.

die Brustflossen
↖ sind fingerartig ausgebildet

◀ **Flughahn** ⚪

Etwa 50 cm lang. Lebt über
schlammigem oder san-
digem Grund. Breitet bei
Störung die gefärbten,
stark vergrößerten Brust-
flossen aus und erschreckt
damit die Angreifer. Fehlt
im nördlichen Atlantik.

von
oben →
gesehen

↖ Brust-
flosse

▶ **Ziegenbarsch** ⚪

30-40 cm lang. Lebt über
algenbewachsenen Fel-
sen. Frißt Krebstiere und
kleine Fische. Hat eine
lange, flache Rückenflos-
se. Mittelmeer, Atlantik
bis zum Kanal.

die Farbe wechselt nachts in
Fahlgelb
↘

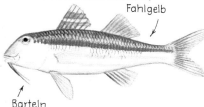

↗
Barteln

◀ **Streifenbarbe** ⚪

30-40 cm lang. Lebt in kleinen Schwärmen über sandi-
gem und felsigem Grund und
tastet mit den Barteln den
Boden ab. Jungfische sind
silberblau und leben an der
Wasseroberfläche. Fehlt in
der Ostsee.

▶ **Roter Bandfisch** ○

Bis 50 cm lang. Lebt in
6-20 m Tiefe in kleinen
Höhlen. Schnappt nach
vorbeikriechenden Krebs-
tieren und wird von ande-
ren Fischen gefressen.

Männchen

▲ **Meerpfau** ○

Bis 20 cm lang. Lebt im Mittelmeer zwischen Felsen
und algenbewachsenen Ge-
steinen bis 20 m Tiefe. Ist
verbreitet und häufig. Ist auffallend bunt gefärbt.

▼ **Meerjunker** ○

Bis 25 cm lang. Lebt an Felsküsten in kleinen Schwärmen,
die von einem alten Männchen
geführt werden. Frißt Muscheln,
Schnecken und kleinere Fische.
Fehlt im nördlichen Atlantik.

ausgewachsenes
Männchen

Augen

elektrisches Organ

▲ **Himmelsgucker** ○

25-30 cm lang. Liegt im Sand
eingegraben, so daß nur die Augen hervorragen. Hat am Kopf
ein elektrisches Organ, mit denen er Beutetiere wahrnehmen
kann. Nur im Mittelmeer.

Meeresfische

▶ **Seeschmetterling** ◯

15-20 cm lang. Hat eine hohe Rückenflosse mit einem schwarzen Fleck. Lebt in 10-100 m Tiefe. Benutzt natürliche und künstliche Höhlen, um seine Eier abzulegen. Südwesteuropa.

das Männchen bewacht das Gelege in einem Glas

▲ **Gestreifter Seewolf** ◯

Bis 1,2 m lang. Lebt in 20-200 m Tiefe. Frißt Stachelhäuter, Muscheln, Krabben und Einsiedlerkrebse. Zerbeißt die Schalen. Die abgenutzten Zähne werden ersetzt. Nördlicher Atlantik.

▼ **Gestreifter Leierfisch** ◯

25-30 cm lang. Lebt in 20-400 m Tiefe. Hat blaue und gelbe Streifen auf der Rückenflosse. Frißt Muscheln und Krebse. Das Männchen führt einen ,,Hochzeitstanz" auf.

Männchen

◀ **Steinbutt** ◯

Bis 1 m lang und 12 kg schwer. Lebt in 20-70 m Tiefe. Frißt andere Grundfische, z. B. Sandaal, Plattfisch, Dorsch, auch Krebstiere und Muscheln.

▶ **Mittelmeerflunder** ◯

Etwa 20 cm lang. Lebt auf sandigem Grund. Frißt kleine Fische und Krebstiere. Beim Männchen stehen die Augen weit auseinander. Mittelmeer.

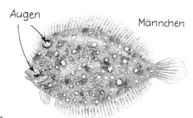

Augen

Männchen

◀ **Scholle** ◯

Bis 90 cm lang und 7 kg schwer, meist aber 25-40 cm. Lebt auf Sand- und Tonböden in 2-200 m Tiefe. Jagt meist in 10-50 m Tiefe nach Fischen.

▶ **Heilbutt** ◯

Etwa 2 m lang und bis 50 Jahre alt. In 50-200 m Tiefe weit umherschwimmend. Das Weibchen legt 2-3 Millionen Eier. Frißt Dorsche, Schellfisch, Heringe und andere Fische, auch Tintenfische und Krebse. Nur im Atlantik.

diese Fische können ihre Farbe wechseln und sind dadurch gut getarnt

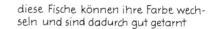

▶ **Seezunge** ◯

30-40 cm lang. Lebt auf sandigem oder schlammigem Grund in 8-60 m Tiefe. Ist tagsüber im Sand vergraben, sucht nachts Muscheln, Würmer und Krebse.

Freischwimmende Fische

Die meisten freischwimmenden Fische leben in Schwärmen. Nur große Arten kommen ohne diesen Schutz aus.

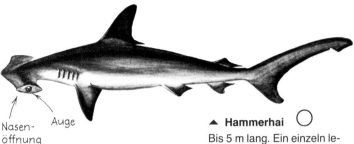

Nasen-
öffnung   Auge

▲ **Hammerhai**

Bis 5 m lang. Ein einzeln le-bender Hai, kommt bis dicht an die Küste. Augen und Na-senöffnungen stehen weit aus-einander am stark verbreiter-ten Kopf. Frißt Fische, Krebse und Tintenfische, ist sehr an-griffslustig. Mittelmeer und Südeuropa.

▶ **Dornhai** ◯

Etwa 1 m lang. Lebt bis in 400 m Tiefe in großen Schwärmen. Das Weib-chen bringt 4-8 Junge zur Welt, die bereits 20-30 cm lang sind. Hat vor jeder Rückenflosse einen Sta-chel mit Giftdrüse. Frißt Heringe, Dorsche und Aale.

Stacheln

das Atemwasser wird durch Spritzlöcher aufgenommen, die Kiemen liegen auf der Unterseite

▲ **Sägefisch**

Etwa 4,5 m lang. Ein seltener Grund-fisch, lebt auf Sand und Schlamm. Stöbert mit seinem langen Nasen-fortsatz, der „Säge", Weichtiere, Fi-sche und Krebstiere auf. Nur im süd-lichen Europa und Mittelmeer.

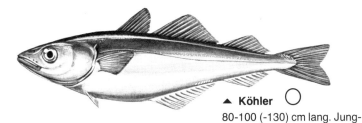

▲ Köhler ○
80-100 (-130) cm lang. Jungfische leben im Flachwasser,
die ausgewachsenen Fische
schwimmen in größeren
Schwärmen im freien Wasser
und fressen Heringe, Sprotten
und andere Fische. Nördlicher
Atlantik.

▲ Dorsch, Kabeljau ○
Etwa 110 cm lang, 15 kg
schwer und über 20 Jahre
alt. Lebt in Schwärmen in
10-600 m Tiefe, sowohl über
dem Grund als auch frei-
schwimmend. Jagt Fische,
Würmer, Krebstiere und Muscheln.

▼ Leng ○
Bis 1,8 m lang. Lebt in 100-
500 m Tiefe. Frißt Fische,
Tintenfische und Krebstiere.
Das Weibchen legt 20-60
Millionen Eier. Nur im nörd-
lichen Atlantik.

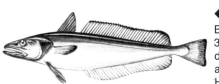

◄ Seehecht ○
Bis 1 m lang. Lebt in 100-
300 m Tiefe, nachts über
dem Boden, kommt am Tage
an die Oberfläche und jagt
Heringe, Sardinen, Makrelen
und andere Fische. Fehlt in
der Nord- und Ostsee.

Meeresfische

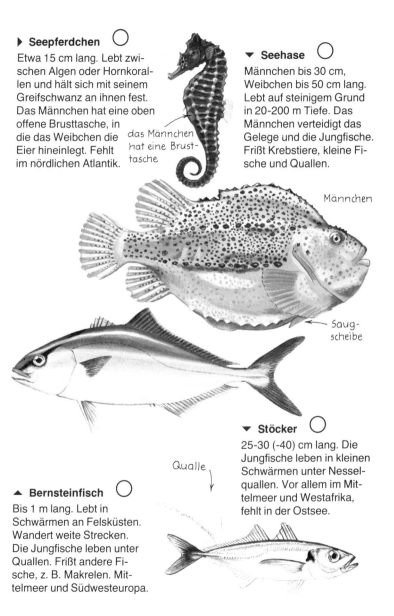

▶ Seepferdchen ◯

Etwa 15 cm lang. Lebt zwischen Algen oder Hornkorallen und hält sich mit seinem Greifschwanz an ihnen fest. Das Männchen hat eine oben offene Brusttasche, in die das Weibchen die Eier hineinlegt. Fehlt im nördlichen Atlantik.

das Männchen hat eine Brusttasche

▼ Seehase ◯

Männchen bis 30 cm, Weibchen bis 50 cm lang. Lebt auf steinigem Grund in 20-200 m Tiefe. Das Männchen verteidigt das Gelege und die Jungfische. Frißt Krebstiere, kleine Fische und Quallen.

Männchen

Saugscheibe

▼ Stöcker ◯

25-30 (-40) cm lang. Die Jungfische leben in kleinen Schwärmen unter Nesselquallen. Vor allem im Mittelmeer und Westafrika, fehlt in der Ostsee.

Qualle

▲ Bernsteinfisch ◯

Bis 1 m lang. Lebt in Schwärmen an Felsküsten. Wandert weite Strecken. Die Jungfische leben unter Quallen. Frißt andere Fische, z. B. Makrelen. Mittelmeer und Südwesteuropa.

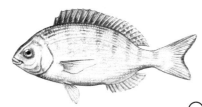

▼ **Graubarsch, Seekarpfen** ○

Etwa 50 cm lang. Hat einen auffallenden schwarzen Fleck über der Brustflosse. Lebt in 200-500 m Tiefe. Frißt Krebstiere und Flügelschnecken. Fehlt in der Ostsee und an der deutschen Nordseeküste.

▲ **Streifenbrassen** ○

Bis 35 cm lang. Lebt auf sandigem Grund an Felsvorsprüngen. Baut für die Eier eine Grube in den Sand. Das Männchen bewacht das Gelege. Fehlt in der Ostsee, in der Nordsee selten.

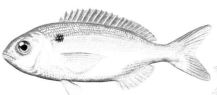

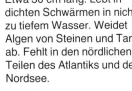

▲ **Goldstriemen- brassen** ○

Etwa 30 cm lang. Lebt in dichten Schwärmen in nicht zu tiefem Wasser. Weidet Algen von Steinen und Tang ab. Fehlt in den nördlichen Teilen des Atlantiks und der Nordsee.

◀ **Heringskönig, Petersfisch** ○

25-30 (-55) cm lang. Hat ein vorstülpbares Maul. Lebt in kleinen Schwärmen, oft in Bodennähe. Frißt kleine Fische. Fehlt in der Ostsee.

Oberflächenfische

Diese Fische ernähren sich meist von kleinen, im Wasser schwebenden Pflanzen und Tieren oder von Raubfischen, welche diese Planktonfresser jagen. Die meisten haben eine silberhelle oder graue Unterseite und eine dunklere Oberseite.

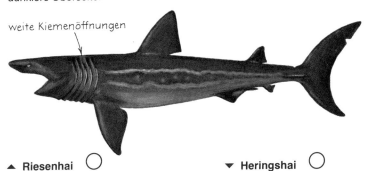

weite Kiemenöffnungen

▲ Riesenhai ○

Bis 12 m lang und 4 t schwer. Lebt einzeln oder in kleinen Schwärmen. Filtert kleine Lebewesen aus dem Wasser und schwimmt mit weitgeöffnetem Maul. Fehlt in der Nord- und Ostsee.

▼ Heringshai ○

1,8-3 m lang und bis 200 kg schwer. Lebt meist in den oberen Wasserschichten und jagt in Schwärmen schwimmende Fische, z. B. Makrelen und Heringe. Das Weibchen bringt 1-4 etwa 60 cm lange Junge zur Welt.

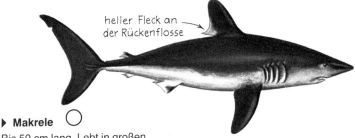

heller Fleck an der Rückenflosse

▶ Makrele ○

Bis 50 cm lang. Lebt in großen Schwärmen meist nahe der Oberfläche. Überwintert in tiefem Wasser der nördlichen Nordsee und nimmt dann keine Nahrung auf. Frißt Krebstiere und Fische, z. B. Hering, Sandaal und Dorsch.

hat eine auffallende Schutzfarbe (siehe Seite 53)

Meeresfische

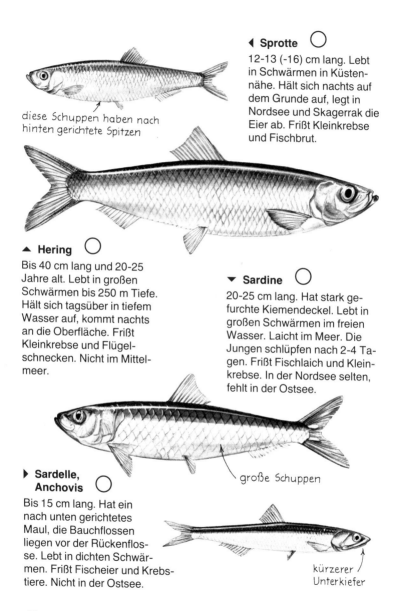

diese Schuppen haben nach hinten gerichtete Spitzen

◀ Sprotte ◯

12-13 (-16) cm lang. Lebt in Schwärmen in Küstennähe. Hält sich nachts auf dem Grunde auf, legt in Nordsee und Skagerrak die Eier ab. Frißt Kleinkrebse und Fischbrut.

▲ Hering ◯

Bis 40 cm lang und 20-25 Jahre alt. Lebt in großen Schwärmen bis 250 m Tiefe. Hält sich tagsüber in tiefem Wasser auf, kommt nachts an die Oberfläche. Frißt Kleinkrebse und Flügelschnecken. Nicht im Mittelmeer.

▼ Sardine ◯

20-25 cm lang. Hat stark gefurchte Kiemendeckel. Lebt in großen Schwärmen im freien Wasser. Laicht im Meer. Die Jungen schlüpfen nach 2-4 Tagen. Frißt Fischlaich und Kleinkrebse. In der Nordsee selten, fehlt in der Ostsee.

▶ Sardelle, Anchovis ◯

Bis 15 cm lang. Hat ein nach unten gerichtetes Maul, die Bauchflossen liegen vor der Rückenflosse. Lebt in dichten Schwärmen. Frißt Fischeier und Krebstiere. Nicht in der Ostsee.

große Schuppen

kürzerer Unterkiefer

▲ Hornhecht ◯

70-90 cm lang und 1 kg schwer.
Lebt schwarmweise an der Oberfläche. Die Eier haben Haftfäden
und werden an Steinen und
Pflanzen befestigt. Frißt Heringe, Sprotten, Sandaale und
Krebstiere, wird von Thunfisch
und Delphin gefressen.

▼ Pfeilhecht ◯

Bis 50 cm lang. Lebt in gro-
ßen Schwärmen nahe der
Oberfläche und jagt kleinere
Fische. Hat messerscharfe
Zähne. Ist im Mittelmeer
häufig.

*seine tropischen Verwandten sind
gefährliche Raubfische*

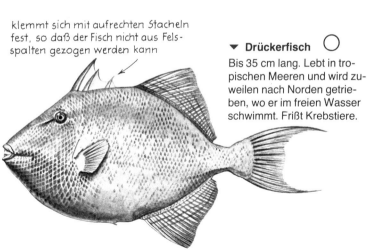

*klemmt sich mit aufrechten Stacheln
fest, so daß der Fisch nicht aus Felsspalten gezogen werden kann*

▼ Drückerfisch ◯

Bis 35 cm lang. Lebt in tropischen Meeren und wird zu-
weilen nach Norden getrieben, wo er im freien Wasser
schwimmt. Frißt Krebstiere.

Oberflächenfische des Meeres

Die meisten Fische dieser Gruppe sind auf der Oberseite dunkel gefärbt, auf der Unterseite sind sie dagegen weißlich oder silbrig. Sie fressen Schwarmfische und ziehen im Winter in wärmere Gewässer.

▶ Blauhai ◯

Etwa 4 m lang. Wandert große Strecken und kommt auch in die Nordsee. Frißt Makrelen und Heringe, auch Dornhaie, Dorsche und Tintenfische. Das Weibchen bringt 25-50 lebende Junge zur Welt, die 50-60 cm lang sind.

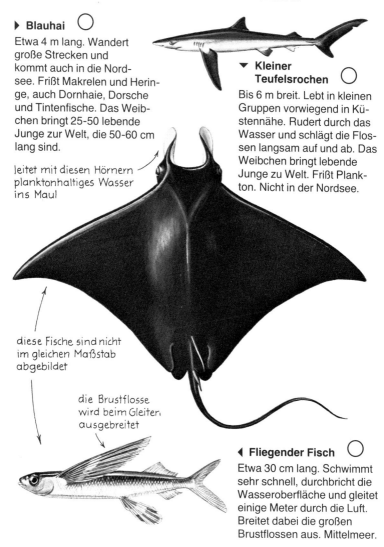

▼ Kleiner Teufelsrochen ◯

Bis 6 m breit. Lebt in kleinen Gruppen vorwiegend in Küstennähe. Rudert durch das Wasser und schlägt die Flossen langsam auf und ab. Das Weibchen bringt lebende Junge zu Welt. Frißt Plankton. Nicht in der Nordsee.

leitet mit diesen Hörnern planktonhaltiges Wasser ins Maul

diese Fische sind nicht im gleichen Maßstab abgebildet

die Brustflosse wird beim Gleiten ausgebreitet

◀ Fliegender Fisch ◯

Etwa 30 cm lang. Schwimmt sehr schnell, durchbricht die Wasseroberfläche und gleitet einige Meter durch die Luft. Breitet dabei die großen Brustflossen aus. Mittelmeer.

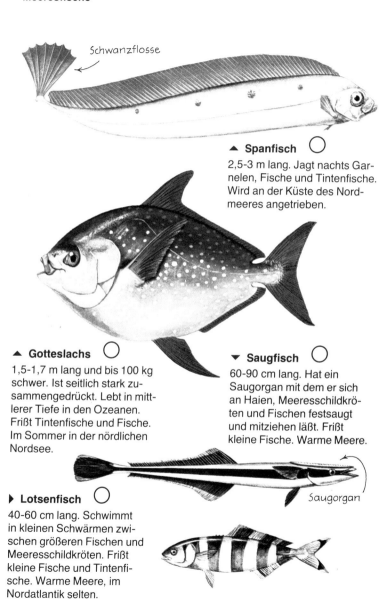

Schwanzflosse

▲ **Spanfisch** ◯
2,5-3 m lang. Jagt nachts Gar-
nelen, Fische und Tintenfische.
Wird an der Küste des Nord-
meeres angetrieben.

▲ **Gotteslachs** ◯
1,5-1,7 m lang und bis 100 kg
schwer. Ist seitlich stark zusammengedrückt. Lebt in mittlerer Tiefe in den Ozeanen.
Frißt Tintenfische und Fische.
Im Sommer in der nördlichen
Nordsee.

▼ **Saugfisch** ◯
60-90 cm lang. Hat ein
Saugorgan mit dem er sich
an Haien, Meeresschildkröten und Fischen festsaugt
und mitziehen läßt. Frißt
kleine Fische. Warme Meere.

Saugorgan

▶ **Lotsenfisch** ◯
40-60 cm lang. Schwimmt
in kleinen Schwärmen zwi-
schen größeren Fischen und
Meeresschildkröten. Frißt
kleine Fische und Tintenfische. Warme Meere, im
Nordatlantik selten.

▲ **Blaubarsch** ◯

70-100 cm lang. Schwimmt
in kleinen Schwärmen und jagt
Fische. Ein gefährlicher Raubfisch. Wird ab und zu in Küstennähe gefangen. Kommt
nur im Mittelmeer und wär-
meren Gewässern vor.

▼ **Goldmakrele** ◯

1,5-1,9 m lang. Hat einen auffallend großen Kopf. Kann
sehr schnell schwimmen. Jagt
an der Wasseroberfläche nach
kleineren Fischen, auch Flie-
genden Fischen. Lebt in wär-
meren Meeren.

Männchen

▶ **Brachsenmakrele** ◯

60-70 cm lang. Lebt bis in
150 m Tiefe. Über die Le-
bensweise ist wenig bekannt.
Frißt Krebstiere. Kommt im
Mittelmeer vor. Einzelne Tiere ziehen nördlich bis Nor-
wegen.

◀ **Degenfisch** ◯

Etwa 2 m lang. Hat eine
schmale, bis zum Schwanz
durchlaufende Rückenflos-
se. Lebt in etwa 100-400 m
Tiefe. Frißt vorwiegend
kleinere Fische. Fehlt im
nördlichen Atlantik.

Meeresfische

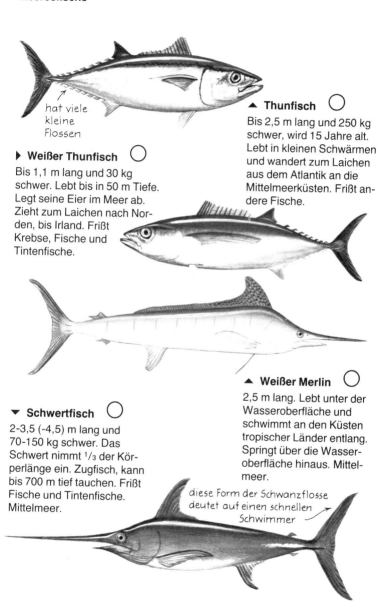

hat viele kleine Flossen

▲ Thunfisch ◯
Bis 2,5 m lang und 250 kg schwer, wird 15 Jahre alt. Lebt in kleinen Schwärmen und wandert zum Laichen aus dem Atlantik an die Mittelmeerküsten. Frißt andere Fische.

▶ Weißer Thunfisch ◯
Bis 1,1 m lang und 30 kg schwer. Lebt bis in 50 m Tiefe. Legt seine Eier im Meer ab. Zieht zum Laichen nach Norden, bis Irland. Frißt Krebse, Fische und Tintenfische.

▲ Weißer Merlin ◯
2,5 m lang. Lebt unter der Wasseroberfläche und schwimmt an den Küsten tropischer Länder entlang. Springt über die Wasseroberfläche hinaus. Mittelmeer.

▼ Schwertfisch ◯
2-3,5 (-4,5) m lang und 70-150 kg schwer. Das Schwert nimmt 1/3 der Körperlänge ein. Zugfisch, kann bis 700 m tief tauchen. Frißt Fische und Tintenfische. Mittelmeer.

diese Form der Schwanzflosse deutet auf einen schnellen Schwimmer

Meeresfische

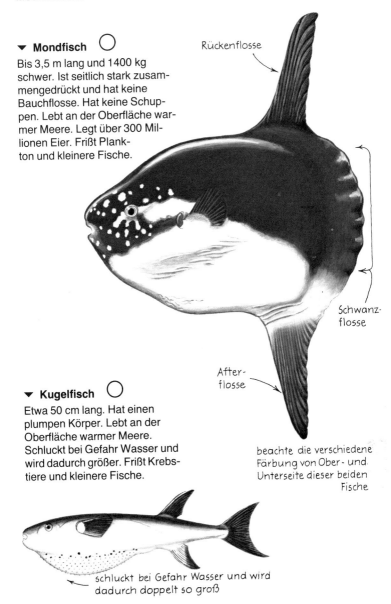

▼ Mondfisch ◯

Bis 3,5 m lang und 1400 kg
schwer. Ist seitlich stark zusammengedrückt und hat keine
Bauchflosse. Hat keine Schuppen. Lebt an der Oberfläche warmer Meere. Legt über 300 Millionen Eier. Frißt Plank-
ton und kleinere Fische.

Rückenflosse

Schwanz-
flosse

After-
flosse

▼ Kugelfisch ◯

Etwa 50 cm lang. Hat einen
plumpen Körper. Lebt an der
Oberfläche warmer Meere.
Schluckt bei Gefahr Wasser und
wird dadurch größer. Frißt Krebstiere und kleinere Fische.

beachte die verschiedene
Färbung von Ober- und
Unterseite dieser beiden
Fische

schluckt bei Gefahr Wasser und wird
dadurch doppelt so groß

Gestalt und Bewegung der Fische

schnellschwimmende Fische haben eine Stromlinienform

Hornhecht (torpedoförmig)
schneller Schwimmer

Seeteufel (breit und dick)
langsamer Schwimmer

Die meisten Fische bewegen sich vorwärts, indem sie ihren Körper in seitliche Wellenbewegungen versetzen. Die Schwanzflosse hat dabei eine besondere Rolle. Einige Fische mit stark abgewandelter Körperform bewegen sich auf andere Art vorwärts. Einige Beispiele sind im folgenden gezeigt.

Scholle — Bewegung des Körpers — Bewegung der Flossen — Rochen

Rochen und Plattfische
Sind vom Rücken her abgeflacht, bewegen ihre Körper auf und ab, und ihre breiten Flossen machen eine Wellenbewegung.

die Flossen wirken wie ein Propeller

Seepferdchen
Schwebt aufrecht durch das Wasser und wird durch seine Rückenflosse angetrieben.

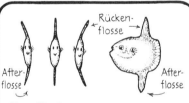

Rückenflosse

Afterflosse

Afterflosse

Mondfisch
Ist von der Seite her abgeflacht, hat große Rücken- und Afterflossen, die in gleicher Richtung bewegt werden.

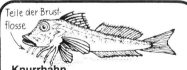

Teile der Brustflosse

Knurrhahn
Einige Strahlen der Brustflossen sind fingerartig ausgebildet, er kriecht mit ihnen über den Boden.

Nahrungsaufnahme

Wenn du die Schnauze eines Fisches betrachtest, die Form der Kieferzähne und Schlundzähne sowie die Formen der Kieferreusen, so kannst du meist schon feststellen, wovon er sich ernährt. Fische, die am Boden liegen und Schlamm aufsaugen, haben oft ein vorstülpbares Maul, Raubfische können die Kiefer weit öffnen

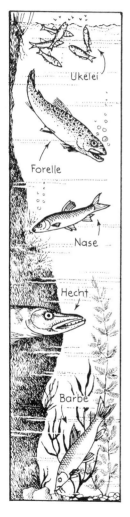

Ukelei
Frißt Insekten und Plankton an der Oberfläche, das Maul ist nach oben gerichtet.

Forelle
Frißt Krebstiere, kleine Fische und Insektenlarven. Hat lange Kiefer und scharfe Zähne.

Nase
Weidet Algen von Steinen und Felsen ab. Hat ein rauhlippiges, schlitzförmiges Maul zum Kratzen.

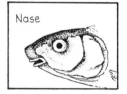

Hecht
Jagt in allen Wasserschichten nach Fischen. Frißt auch kleine Säugetiere und junge Wasservögel. Hat lange Kiefer. Der Oberkiefer hat kurze, nach hinten gerichtete Zähne, aus denen ein Beutetier nicht entfliehen kann.

Barbe
Frißt am Grund der Gewässer Insektenlarven und Würmer. Das fleischige Maul ist abwärts gerichtet. Die Barteln dienen zum Tasten.

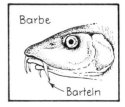

und haben scharfe Zähne.

Manche Fische haben ein richtiges Netz, das durch ihre Kiemenreusen gebildet wird. Damit filtern sie Plankton aus dem Wasser. So ernähren sich z. B. der riesige Walhai und der Teufelsrochen. Andere Fische haben kräftige Reibezähne in ihrem Schlund, mit denen sie Pflanzenteile zerreiben. Die Meerbrassen haben dagegen große Mahlzähne, mit denen sie Schnecken und Muschelschalen zerkleinern.

Makrele
Jagt unter der Wasseroberfläche kleinere Fische und Krebstiere. Hat ein ziemlich großes Maul, mit dem sie ihre Beute erfaßt.

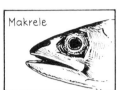

Schwertfisch
Jagt unter der Wasseroberfläche kleinere, in Schwärmen vorkommende Fische.

Seehecht
Jagt in mittlerer Wassertiefe nach Fischen und Tintenfischen. Hat ein großes Maul mit scharfen Zähnen.

Meeraal
Lebt in Felsspalten. Erbeutet größere Fische, Krebse und auch Tintenfische. Hat ein großes Maul mit zahlreichen scharfen Zähnen.

starke, scharfe Zähne

Seezunge
Lebt auf dem Boden der Gewässer und ernährt sich von Krebstieren und Würmern. Das halbkreisförmige Maul liegt auf der Unterseite.

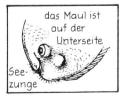

das Maul ist auf der Unterseite

Flucht und Verteidigung

Viele Fische können schnell schwimmen und suchen bei einer Gefahr ihr Heil in der Flucht. Kleinere Fische, die eine solche Schnelligkeit nicht erreichen, ziehen sich zu großen Schwärmen zusammen, bei denen das einzelne Tier weniger auffällt und dadurch weniger gefährdet ist. Manche großen, einzeln lebenden Fische setzen sich einem Angreifer zur Wehr. Es gibt eine ganze Reihe von Arten, die an ihrem Körper Stacheln haben, an denen sich ein Angreifer beim Zuschnappen verletzt. Nicht selten stehen die Stacheln mit Giftdrüsen in Verbindung. Der Kugelfisch dagegen verschluckt so viel Wasser, daß er zu groß wird, um gefressen zu werden.

vergrößerte Brustflossen

Fliegender Fisch
Schnellt sich aus dem Wasser und gleitet wie ein Segelflugzeug, um seinen Verfolgern zu entkommen.

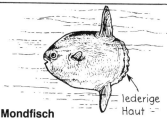

lederige Haut

Mondfisch
Ein langsamer Schwimmer, der aber durch eine harte, lederige Haut geschützt ist.

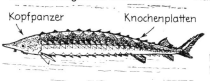

Kopfpanzer   Knochenplatten

Stör
Hat 5 Reihen von Knochenplatten auf dem Körper und einen gepanzerten Kopf.

Haut an Bauch und Seiten mit Stacheln besetzt

Kugelfisch
Hat eine stachelige Haut. Kann seinen Körper doppelt so groß machen.

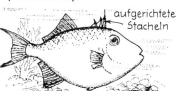

aufgerichtete Stacheln

Drückerfisch
Stellt bei Bedrohung seine Stacheln auf, kann sich mit diesen in Felsspalten festhalten.

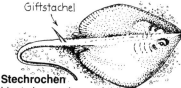

Giftstachel

Stechrochen
Liegt eingegraben auf dem Boden. Verteidigt sich durch einen langen giftigen Stachel auf dem Schwanz.

Tarnen und verbergen

Ein Fisch, dessen Farbe sich vom Untergrund nur wenig abhebt, ist nur schwer zu erkennen. Viele Grundfische haben deshalb graue oder braune Farben und sind außerdem gefleckt oder gestreift. Fische, die in mittleren Wasserschichten leben, haben dagegen unterschiedlich gefärbte Ober- und Unterseiten. Die Oberseite ist meist dunkel, ein darüber schwimmender Räuber erkennt das Tier gegen den Untergrund nur schwer, die Unterseite ist silbern und ist von einem darunter schwimmenden Tier gegen den Wasserspiegel nicht zu sehen. Viele Fische verbergen sich zwischen Algen und Steinen. Der Nadelfisch zieht sich sogar in den Darm einer Seegurke zurück.

Makrele
Hat eine helle Unterseite und eine dunklere, gestreifte Oberseite.

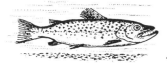

Forelle
Ist gefleckt, dadurch verschwimmt der Umriß gegen den Untergrund.

Schlangennadel
Verbirgt sich zwischen Algen und ist kaum zu erkennen.

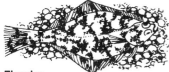

Flunder
Kann ihre Farbe wechseln und paßt sich dem Untergrund an.

Sardelle
Schwimmt in Schwärmen und verwirrt durch ständigen Richtungswechsel einen Räuber.

hat einen fast durchsichtigen Körper

Nadelfisch
Kriecht in eine Seegurke hinein und ist deshalb nicht zu sehen.

Butterfisch
Hat Flecken, die wie Augen wirken und einen Angreifer verwirren.

Schan
Farbe und Musterung entsprechen ganz dem Untergrund.

Die Wanderung der Aale

Fische vermehren sich durch Eier (Laich), die das Weibchen im Wasser ablegt. Das Männchen gießt eine Samenflüssigkeit (Milch) über die Eier, und durch die Verschmelzung von Samenfaden und Eizelle findet die Befruchtung statt. Die meisten Fische kümmern sich nach der Laichzeit nicht um ihre Nachkommen, der Stichling baut jedoch ein Nest und betreibt eine Brutpflege. Manche Fische kehren zum Laichen an die Stelle zurück, an der sie selbst geschlüpft sind, das berühmteste Beispiel dafür ist der Aal.

Fortpflanzung der Fische

Bis zu Beginn dieses Jahrhunderts war es unbekannt, wo die Aale laichen und wie die Larven aussehen. Die Jungtiere, die man an den Küsten findet, sind einem erwachsenen Aal schon ähnlich und können keine Larven sein. Bei der Suche nach den Laichgründen stellten die europäischen Biologen fest, daß die Tiere immer kleiner wurden, je weiter sie nach Westen kamen. Schließlich fanden sie heraus, daß alle Aale im Sargassomeer laichen.

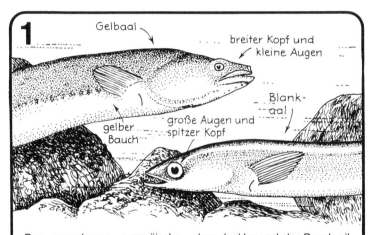

1 Gelbaal — ···· breiter Kopf und kleine Augen — gelber Bauch — große Augen und spitzer Kopf — Blankaal

Der erwachsene europäische Flußaal lebt in Flüssen, Teichen und Seen überall in Europa mit Ausnahme des Schwarzmeergebietes. Wenn er etwa 6-7 Jahre alt ist, beginnt er sich zu verändern: die Augen werden größer, der Kopf wird spitz, der Rücken dunkler und der Bauch silberfarben. Aus den Gelbaalen werden Blankaale. Bei den Männchen erfolgt die Umwandlung früher als bei den Weibchen. Die Tiere nehmen dann keine Nahrung mehr auf.

2

Im September und Oktober verlassen die Blankaale die Flüsse und schwimmen quer über den Atlantik bis zum Sargassomeer. Dort laichen sie und sterben dann schließlich ab.

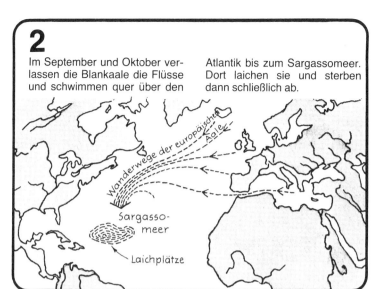

Wanderwege der europäischen Aale

Sargasso-meer

Laichplätze

3

befruchtetes Ei

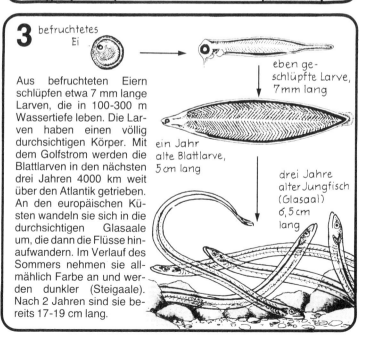

eben geschlüpfte Larve, 7mm lang

ein Jahr alte Blattlarve, 5 cm lang

drei Jahre alter Jungfisch (Glasaal) 6,5 cm lang

Aus befruchteten Eiern schlüpfen etwa 7 mm lange Larven, die in 100-300 m Wassertiefe leben. Die Larven haben einen völlig durchsichtigen Körper. Mit dem Golfstrom werden die Blattlarven in den nächsten drei Jahren 4000 km weit über den Atlantik getrieben. An den europäischen Küsten wandeln sie sich in die durchsichtigen Glasaale um, die dann die Flüsse hinaufwandern. Im Verlauf des Sommers nehmen sie allmählich Farbe an und werden dunkler (Steigaale). Nach 2 Jahren sind sie bereits 17-19 cm lang.

Wir bauen ein Aquarium

Wenn du einen Fisch längere Zeit beobachten willst, so kannst du das am besten zu Hause mit Hilfe eines Aquariums tun. Im allgemeinen kauft man hierzu in einer Zoohandlung spezielle Aquarienfische, aber auch ein wildlebender Fisch, z. B. der Stichling, eignet sich hierzu. Diese Art ist besonders interessant, weil sie eine Brutpflege betreibt.

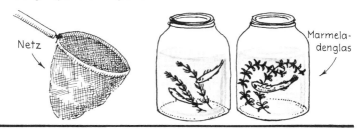

Netz

Marmeladenglas

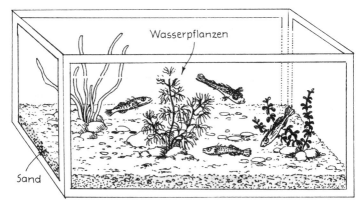

Wasserpflanzen

Sand

Die beste Zeit, diesen Fisch zu fangen, ist der April. Versuche, 2-3 Weibchen und 1 Männchen zu fangen. Du kannst sie leicht unterscheiden, denn das Männchen hat einen rötlichen Bauch und blaue Augen. Setze die Fische in ein Marmeladenglas und trage sie nach Hause. Dort nimmst du ein großes Gurkenglas oder – wenn du es hast – ein Aquarium und füllst es etwa 5 cm hoch mit sauberem Sand. Dann pflanzst du Wasserpflanzen ein. Lege auf die Wurzeln einen kleineren Stein. Setze außerdem mehrere große Steine in das Gefäß. Nun kannst du es vorsichtig mit Regenwasser füllen und an einen hellen, aber nicht sonnigen Platz stellen. Nach einigen Tagen, wenn das Wasser ganz klar ist, setzt du die Fische ein. Füttere sie regelmäßig mit Wasserflöhen und Insektenlarven.

Wenn die Fische sich eingewöhnt haben, beginnt das Männchen, ein Nest zu bauen. Es umwirbt die Weibchen, die schließlich ihre Eier im Nest ablegen. Jetzt bewacht das Männchen das Gelege und jagt jedes Weibchen davon, das sich dem Nest nähert.

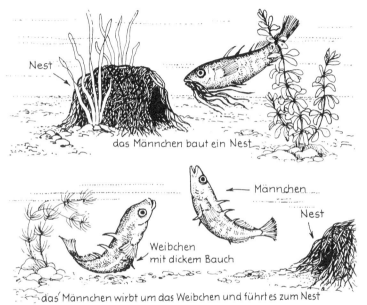

Nest

das Männchen baut ein Nest

Männchen

Nest

Weibchen mit dickem Bauch

das Männchen wirbt um das Weibchen und führt es zum Nest

Wenn die Larven geschlüpft sind, halten sie sich in einem kleinen Schwarm über dem Nest auf. Das Männchen beschützt sie. Sobald die Jungen größer sind, setzt du die Fische wieder aus, wo du sie hergeholt hast.

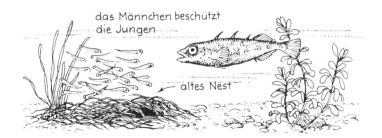

das Männchen beschützt die Jungen

altes Nest

Wir machen ein Bild von einem Fisch

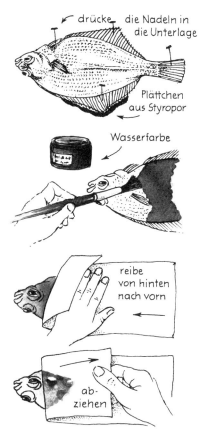

drücke die Nadeln in die Unterlage

Plättchen aus Styropor

Wasserfarbe

reibe von hinten nach vorn

ab-ziehen

Um ein solches Bild zu machen brauchst du: einen kleineren, frischen Fisch (vom Markt oder aus einem Geschäft), Wasserfarben, Zeichenpapier, einen Pinsel, Plättchen aus Styropor und ein paar Nadeln.

Decke eine Tisch mit altem Zeitungspapier ab und lege deinen Fisch darauf. Unter die Flossen legst du kleine Platten von Styropor, damit sie höher liegen; breite sie aus und befestige sie mit einer Nadel.

Rühre eine Wasserfarbe mit Wasser an und streiche den Fisch gleichmäßig und dünn mit dem Pinsel an. Beginne am Schwanz und streiche zuletzt den Kopf und die Flossen, aber nicht die Augen.

Nimm einen größeren Bogen Zeichenpapier und lege ihn vorsichtig auf den Fisch. Lege die flache Hand auf das Papier und drücke es ein bißchen an, damit sich Schuppen und Stacheln abbilden.

Ziehe das Papier vom Kopf zum Schwanz langsam ab. Lege den Abdruck flach auf den Tisch und warte, bis er trocken ist. Nun mischst du andere Farben und zeichnest das Auge ein.

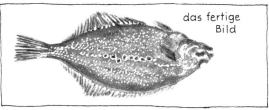

das fertige Bild

Von einem Fisch kannst du leicht mehrere Bilder machen. Verwende dabei verschiedene Farben.

Worterklärung

Algen – sind Pflanzen, die entweder mikroskopisch klein sind und im Wasser schweben oder die untergetaucht und auf Steinen und Felsen festgewachsen sind. Sie haben keine Blüten, sondern vermehren sich durch Sporen.

Barteln – sind Bartfäden am Maul verschiedener grundbewohnender Fische. Sie dienen als Tastorgan.

Hochzeitskleid – die oft leuchtende Färbung der Männchen zur Paarungszeit.

Kiemen – Atmungsorgane der Fische. Mit ihnen wird Sauerstoff direkt aus dem Wasser entnommen und Kohlendioxyd abgegeben.

Krebstiere – sind kleine oder größere Tiere aus der Verwandtschaft der Krabben und Krebse. Ein kleines Krebstier ist der Wasserfloh, ein großes der Hummer.

Laich – die Eier eines Fisches.

Larve – Jungfische, die vor kurzem aus dem Ei geschlüpft sind.

Milch – die Samenflüssigkeit eines Fisches.

Planzenfresser – ein Tier, das sich von Planzen ernährt.

Plankton – im Wasser schwebende kleine Pflanzen und Tiere, z. B. Krebstiere und Algen.

Raubfisch – ein Tier, das vom Fleisch anderer Tiere lebt.

Tarnung – ein Fisch ist so gefärbt, daß er sich nicht von seiner Umgebung abhebt.

Wanderung – Manche Fische wandern zum Ablaichen an die Stelle zurück, an der sie selbst geschlüpft sind.

Weichtiere – Schnecken, Muscheln und Tintenfische.

Weiterführende Bücher

Frank, S: **Das große Bilderlexikon der Fische.** Bertelsmann-Verlag, Gütersloh, Berlin, München, Wien 1975.
Herald, S. und Vogt, D.: **Knaurs Tierreich in Farben – Fische.** Droemersche Verlagsanstalt, München und Zürich 1961.
Ladiges, W. und Vogt, D.: **Die Süßwasserfische Europas.** Paul Parey Verlag, Hamburg und Berlin 1965.
Luther, W. und Fiedler, K.: **Die Unterwasserfauna der Mittelmeerküsten.** Paul Parey-Verlag, Hamburg und Berlin 1961.
Muus, B. J. und Dahlström, P.: **Meeresfische.** BLV-Verlagsgesellschaft, München, Bern und Wien 1978.
Muus, B.J. und Dahlström, P.: **Süßwasserfische.** BLV-Verlagsgesellschaft, München, Bern und Wien 1978.
Norman, J.R.: **Die Fische.** Paul Parey-Verlag, Hamburg und Berlin 1966.

Punktekarten

In den Punktekarten sind die Tiere in der Reihenfolge aufgeführt, wie sie abgebildet und beschrieben sind. Wenn du einen Fisch entdeckt hast, so hakst du ihn auf der entsprechenden Seite ab und trägst das Datum in die Punktekarte ein. Für jeden Fund erhältst du eine bestimmte Anzahl von Punkten. Am Abend kannst du zusammenzählen, wie erfolgreich du warst.

Seite	Art	Punkte	Datum	Datum	Datum	Seite	Art	Punkte	Datum	Datum	Datum
6	Äsche	15				11	Barsch, Flußbarsch	5			
6	Wandersaibling	15				12	Hundsfisch	25			
6	Forelle	5				12	Karausche	5			
7	Blaufelchen, GroßeSchwebrenke	20				12	Karpfen	5			
7	Elritze	5				13	Rotfeder	10			
7	Groppe, Koppe	15				13	Schleie	10			
7	Streber	20				13	Schlamm-peitzger	20			
8	Flußneunauge	5				13	Zwergstichling	10			
8	Lachs	10				14	Kleine Maräne, Zwergmaräne	20			
8	Regenbogen-forelle	5				14	Giebel, Silberkarausche	5			
9	Hecht	5				14	Gründling	5			
9	Hasel	5				15	Blei, Brachsen	5			
9	Döbel	5				15	Güster, Blicke	10			
9	Ukelei, Laube	5				15	Plötze, Rotauge	5			
10	Barbe	10				15	Bitterling	20			
10	Nase	25				16	Rapfen, Schied	25			
10	Steinbeißer, Dorngrundel	15				16	Wels, Waller	20			
10	Schmerle, Bartgrundel	5				16	Zander, Schill	5			
11	Dreistacheliger Stichling	5				16	Quappe	25			
11	Kaulbarsch	15				17	Meerneunauge	10			
	Summe						Summe				

Seite	Art	Punkte	Datum	Datum	Datum	Seite	Art	Punkte	Datum	Datum	Datum
17	Stör	25				24	Dreibärtelige Seequappe	5			
17	Finte, Elben	10				24	Seebull	10			
17	Flußaal	5				24	Meerkröte	20			
18	Zährte, Rußnase	25				25	Seestichling	10			
18	Zebrakärpfling	20				25	Kardinal	20			
18	Trommlerfisch	20				25	Schwalbenschwanz	20			
19	Wolfsbarsch	5				26	Brandbrasse	10			
19	Dünnlippige Meeräsche	10				26	Papageifisch	20			
19	Flunder, Butt	5				26	Geißbrassen	10			
20	Große Seenadel	10				26	Klippenbarsch	10			
20	Fünfbärtelige Seequappe	10				27	Augenlippfisch	20			
20	Wittling	5				27	Fünffleckiger Lippfisch	20			
21	Aalmutter	10				27	Gefleckter Lippfisch	5			
21	Ährenfisch, Streifenfisch	10				27	Kuckuckslippfisch	10			
21	Graue Meeräsche	5				28	Großer Dreiflossenschleimfisch	15			
21	Steinpicker	10				28	Montagu-Schleimfisch	15			
22	Viperqueise	10				28	Schan	5			
22	Sandgrundel	5				28	Pfauenschleimfisch	20			
22	Kleiner Sandaal	5				29	Paganellgrundel	10			
22	Kliesche	5				29	Schwimmgrundel	10			
23	Meeraal	5				29	Butterfisch	5			
23	Ansauger	15				29	Haarbutt	25			
23	Krummschnauzige Schlangennädel	10				30	Kleingefleckter Katzenhai	5			
24	Pollack	5				30	Sandhai	15			
	Summe						Summe				

Seite	Art	Punkte	Datum	Datum	Datum	Seite	Art	Punkte	Datum	Datum	Datum
30	Meerengel	10				36	Seezunge	5			
31	Atlantischer Zitterrochen	20				37	Hammerhai	25			
31	Nagelrochen	5				37	Dornhai	5			
31	Stechrochen	15				37	Sägefisch	25			
31	Muräne	25				38	Köhler	5			
32	Seeteufel	10				38	Dorsch, Kabeljau	5			
32	Franzosendorsch	5				38	Leng	10			
32	Schellfisch	5				38	Seehecht	10			
32	Nadelfisch	25				39	Seepferdchen	5			
33	Roter Knurrhahn	10				39	Seehase	5			
33	Flughahn	20				39	Bernsteinfisch	20			
33	Ziegenbarsch	20				39	Stöcker	5			
33	Streifenbarbe	15				40	Graubarsch, Seekarpfen	10			
34	Roter Bandfisch	15				40	Streifenbrassen	10			
34	Meerpfau	10				40	Goldstriemenbrassen	20			
34	Meerjunker	10				40	Heringskönig, Petersfisch	10			
34	Himmelsgucker	15				41	Riesenhai	15			
35	Seeschmetterling	10				41	Heringshai	10			
35	Gestreifter Seewolf	10				41	Makrele	5			
35	Gestreifter Leierfisch	5				42	Sprotte	5			
35	Steinbutt	5				42	Hering	5			
36	Mittelmeerflunder	10				42	Sardine	10			
36	Scholle	5				42	Sardelle, Anchovis	10			
36	Heilbutt	5				43	Hornhecht	10			
	Summe						Summe				

Seite	Art	Punkte	Datum	Datum	Datum	Seite	Art	Punkte	Datum	Datum	Datum
43	Pfeilhecht	20				46	Goldmakrele	20			
43	Drückerfisch	20				46	Brachsenmakrele	20			
44	Blauhai	10				46	Degenfisch	20			
44	Kleiner Teufelsrochen	25				47	Thunfisch	15			
44	Fliegender Fisch	10				47	Weißer Thunfisch	15			
45	Spanfisch	25				47	Schwertfisch	20			
45	Gotteslachs	20				47	Weißer Merlin	20			
45	Saugfisch	20				48	Mondfisch	20			
45	Lotsenfisch	25				48	Kugelfisch	25			
46	Blaubarsch	20									
	Summe						Summe				
							Gesamt-Summe				

Namensverzeichnis

63